쥬니삼촌의 공룡 애니멀쇼

주니삼촌의 공룡 애니멀쇼

초판 1쇄 발행 2024년 3월 26일

지은이 김정인
펴낸이 장길수
펴낸곳 지식과감성#
출판등록 제2012-000081호

교정 한장희
디자인 윤혜성
편집 윤혜성, 이현
검수 이주연
마케팅 김윤길, 정은혜

주소 서울시 금천구 벚꽃로298 대륭포스트타워6차 1212호
전화 070-4651-3730~4
팩스 070-4325-7006
이메일 ksbookup@naver.com
홈페이지 www.knsbookup.com

ISBN 979-11-392-1713-1(73680)
값 16,800원

• 이 책의 판권은 지은이에게 있습니다.
• 이 책 내용의 전부 또는 일부를 재사용하려면 반드시 지은이의 서면 동의를 받아야 합니다.
• 잘못된 책은 구입하신 곳에서 바꾸어 드립니다.

제품명 : 주니삼촌의 공룡 애니멀쇼 | 제조자명 : 지식과감성# | 제조국명 : 대한민국
주소 : 서울시 금천구 벚꽃로298 대륭포스트타워6차 1212호 | 전화 : 070-4651-3730
* KC마크는 이 제품이 공통안전기준에 적합하였음을 의미합니다.

⚠ 주의 아이들이 책을 입에 대거나 모서리에 다치지 않게 주의하세요.

안녕하세요 주니삼촌이야~
우리 친구들 공연 재미있게 봤니?

주니삼촌과 책 속에서
더 이쁜 추억을 한번 만들어 볼까?

여기는 정말 멋진 마술들이 일어나는 주니랜드야~

하오하오~~ 하오하오~~
나는 이 주니랜드를 지키고 있는 인디언 아저씨예요.
얘들아 안녕??

이제 너희들이 봤던 동물들과 공룡들을 소개시켜 줄게.

하지만 공룡들과 동물들을 보기 위해서는
멋진 오로라를 만들어야 해~

자 그럼 멋진 오로라를 한번 만들어 볼까?

너무너무 멋진 보호막 오로라야~

이제 오로라를 만들었으니
동물 친구 한 명 소개시켜 줄게~

수리수리 마수리 얍!!

비둘기야 우리 친구들이 주문을 같이 외워 주었어.
도와준 친구들에게 인사 좀 해 줄 수 있어?

꾸우꾸우~~~

이제 공룡을 소개해 줄 차례가 되었군!

누구냐면 바로 티노야~
친구들 이제 티노가 나올 거니까 절대 무서워하면 안 돼요~
알았죠?

주니랜드의 귀여운 공룡 티노를 소개합니다~!!

크앙~! 얘들아, 안녕? 나 티노라고 해.
나 무섭게 생겼지?

음?
안 무섭게 생겼다고?
이상하다….
분명 공연장에서는 나를 무서워했는데…….

자 다시 한번 봐 봐~

자 하나 두울 셋!
자 무섭지~~~~~?

엥 나 안 무서워? (머쓱머쓱)

 티노야 뭐 하고 있어~?
이제 우리 친구들한테 멋진 공룡들을 소개해야 하잖아.
빨리 들어가서 준비해 주세요~

알겠어요~
(인사하고 들어간다)

 이제 우리 친구들한테
멋진 공룡들을 소개해 줄 거예요~

(주니삼촌한테 돌아와
어깨를 툭툭 친다)

 티노야 뭐 하고 있어~?
친구들한테 멋진 공룡들 소개해 줘야 하는데
빨리 들어가서 준비해 주세요~

알겠어요.
(또다시 배꼽인사를 하고 들어간다)

 친구들 이제 티노 들어가고요
멋진 공룡들을…

(주니삼촌 어깨를 또 툭 치고는
건방지게 서 있다)

 저기요? 선생님?
뭐 하고 있어요?
빨리 들어가서 준비해 달라니깐요?

알겠어요.
(또다시 배꼽인사를 하고 들어간다)

 주니삼촌: 친구들 이제 멋진 공룡들을 소개해 줄…….

(공룡 꼬리로 주니삼촌을 민다)  티노

 주니삼촌: 으악~~~~
뭐 하고 있는 거야~~~?

(주니삼촌에게 귓속말을 한다)

아~~~ 친구들! 티노가요~
주인공 욕심이 있어서
우리 친구들한테 멋진 마술을 준비했대요?
맞지 티노야?

티노의 마술 한번 볼까 친구들?

티노의 마술 공연을 봤으니
이제 친구들한테 멋진 공룡을 한번 소개시켜 줄게요.

이 공룡의 이름은 바로 티라노사우루스입니다.
티라노사우루스는요~
7톤 정도 되는 몸무게를 가졌고요~
무시무시하게 생겼을 뿐만 아니라 먹잇감을 발견하면
약 40킬로미터나 되는 속도로
먹잇감을 향해서 돌진했다고 해요.

자 이제 티라노 이빨이 어떻게 생겼는지 한번 볼게요?
티라노 이빨은 이렇게 생겼답니다.

자 이번에는
티라노사우루스를 대적해서
싸울 수 있었던 공룡을 소개시켜 줄게요.

바로 이 검정색 공룡은요
벨로키랍토르입니다.
줄여서 랩터라고도 하는데요,
랩터는요, 2톤 정도의 몸무게를 가졌고요.
달리기가 정말 빠르고
그리고 머리가 정말 정말 똑똑한
공룡 중 하나였어요.
그래서 친구들과 같이 돌아다녔다고 해요.

인디언 아저씨

으악~~~

주니삼촌

인디언 아저씨 왜 그래요~~~

인디언 아저씨

으악~!!!!!! 물어 물어~~~~

주니삼촌

인디언 아저씨!
동물 가방 이리 줘 보세요~

악~~~ (주니삼촌 손가락을 문다)

아니 왜 그래~ 자 나와 봐~ (또다시 손가락을 문다)

주니삼촌이 옷을 걷고 동물을 꺼낸다~

자~ 친구들 이 동물은요 바로 마술 너구리예요~

너구리야 우리 친구들 앞에서 뽀뽀해 보는 거야~ 알았지?

자 뽀뽀~ (너구리가 뽀뽀 안 한다)

아 친구들 너구리랑 뽀뽀를 하려면

우리 친구들이 엄마 아빠한테 애교 부리는 것처럼
너구리한테 애교 부리면 뽀뽀할 거예요.

자 다 같이
"아잉 뽀뽀 한번 해 주라 뿌잉뿌잉"
하면 할 거예요.

쪽

 티노야 너구리 좀 이제 데려가세요~?
(오른쪽에서 부른다)

(무대 왼쪽에서 얼굴을 내민다)

 티노야 뭐 하고 있어?
너구리 좀 데려가라니까?

(무대 왼쪽에서 얼굴을 또다시 내민다)

 친구들 오른쪽에서 너구리 나오기로 했어요~
티노야 너구리 좀 데려가세요~

(왼쪽에서 슬금슬금 나오며 장난치고 있다)

 (티노가 장난치는 모습을 보고)
아니 뭐 하고 있어~~~?

(티노가 무대 조명을 받으며 멋진 포즈를 취한다)

 뭐야~ 주인공 욕심이 있어 가지고
친구들 티노가요~ 멋진 춤을 보여 준다고 해요~

(멋진 춤을 춘다)

 얼른 너구리 데리고 들어가세요~
(하면서 어깨를 살짝 때린다)

이제 더 많은 동물 친구들을 그림자로 소개시켜 줄게~

자 주니삼촌의 멋진 동물 그림자쇼입니다.

친구들, 책 속에서 주니삼촌과 멋진 추억을 만들었는데
즐거웠어?

다음 시즌 2에는요.
우리 친구들 부모님 말씀 잘 들으면서
앞으로 더욱더 씩씩한 모습으로 주니삼촌 또 만나요~
안녕~!!

마지막으로 주니삼촌이 멋진 그림자쇼 몇 가지를 알려 줄게요.
우리 친구들과 부모님들 핸드폰 플래시를
벽이나 천장에 잘 비추어서 한번 잘 만들어 보세요^^

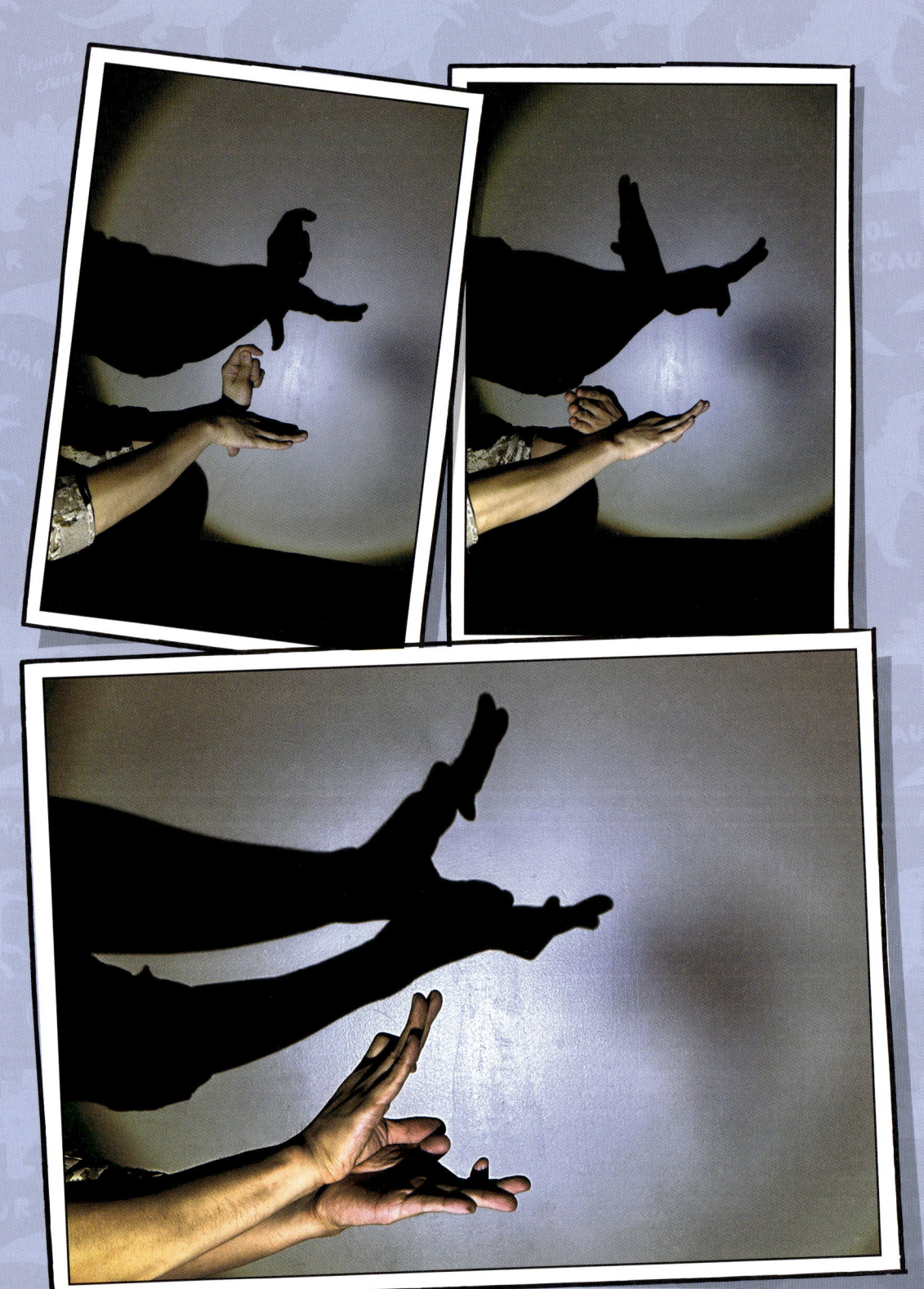